自分ツッコミくま

うらない

ナガノ
クロイ 著

ぱ

ぴょ

JN091555

日本文芸社

自分ツッコミくま キャラ紹介

自分ツッコミくまとその仲間たちを紹介！

くま

パグ

もぐらコロッケ

パーリナイ

おお がた けん
大型犬

きょりゅくん

マレーグマ

チュパカブラ

キョンシー

ユニコーンと
バイコーン

3

もくじ

やる気まんまん　←

Part 1

自分の運命占い

おひつじ座

（3/21〜4/19生まれ）

何でもポジティブにがんばる
みんなをひっぱるリーダー役

チャレンジ精神が旺盛で、何でも興味を持ってがんばる、おひつじ座。スポーツやゲームなど、ちょっとしたことでも本気になるし、難しいことほどやる気が出ます。言うこともやることもパワフルだから、友だちやグループをひっぱっていくリーダーになれそう。

長所 ◇

何でも前向きに考えられるから、他の人がこわがることも、平気でチャレンジしそう。負けん気も強いから、具体的な目標をたてると、それに向かってずっと努力できます。

短所

ちょっと怒りっぽいところがあるから気をつけましょう。イヤなことを言われたら、少し深呼吸して気持ちを落ち着けること。自分よりがんばってない人にキツくあたるのもNG。

ラッキーナンバー	ラッキーアイテム	ラッキーカラー
9	定規	赤

＼ ラッキーをみちびく言葉 ／

時どき、立ち止まって考えよう

だら…

おうし座

（4/20〜5/20生まれ）

のんびりしているけど
責任感の強さは人一倍

いつもおだやかで、みんなよりのんびりしているけど、責任感が強いおうし座。約束は必ず守るから、友だちや大人から信頼されています。ただし、自分では普通のつもりでも、他の人より行動が遅かったりします。意識して早めに動いて、遅れないように気をつけましょう。

長所 ◇

一度決めたことは、絶対に最後までやり通す、責任感の強さがあります。目標があると、人一倍がんばれるから、何か始めるときはゴールを決めてから始めましょう。

短所

ついじっくり考えすぎて、決断や行動が遅くなることがあります。「何もしていない」とか「忘れられているかも」と誤解される恐れがあるので、最初のアクションは早めに！

ラッキーナンバー	ラッキーアイテム	ラッキーカラー
6	リボン	緑

＼ ラッキーをみちびく言葉 ／

ちょっと急いでるくらいが、ちょうどいい

ふたご座

(5/21〜6/21生まれ)

ゴシップもニュースもOK
おしゃべり上手な情報屋さん

友だちのうわさ話やおもしろいニュースなど、いろんな情報を誰よりも先に知ってる、ふたご座。おしゃべりも上手だから、おもしろおかしく話して人気者になりそう。人見知りしないから、初めて行くところでも、気軽に話しかけて、すぐ友だちをつくれます。

長所 ◆

好奇心が強くて、おもしろそうなことは何でも知りたがります。その気持ちが勉強に向くと、すごく成績がのびそう。行動も早いので、イヤなこともテキパキ片付けます。

短所

あきっぽいところがあって、やっているゲームなど、興味がなくなったら途中でも簡単に投げ出してしまいそう。じっとしているのも苦手で、ついそわそわしがち。

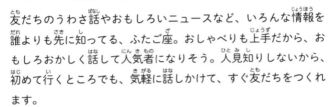

ラッキーナンバー	ラッキーアイテム	ラッキーカラー
5	コンパクトミラー	黄色

＼ ラッキーをみちびく言葉 ／

誰よりもたくさん友だちをつくってみて

どうしたっ!!

かに座
（6/22〜7/22生まれ）

人助けが得意な親切さん
何でもこなす器用さもあり

人の気持ちに敏感で、困っている人がいたら、助けずにはいられない、かに座。頭が良くて、相手がしてほしいことをしてあげられます。みんなから信頼されて、ヒミツの相談を持ちかけられることもありそう。意外と器用で、見よう見まねで何でもできるのも特技です。

長所 ◇

誰にでもやさしくできる心の広さがあります。小さな悩みや相談を、きちんと答えてあげるマジメさもあるから、いつのまにかグループのまとめ役に推薦されそうです。

短所

人に頼るのが苦手で、困ったことがあっても誰にも相談できず、一人でずっと悩んでそう。勇気を出して、一番話しやすい友だちに打ち明けると、すごく楽になりますよ。

ラッキーナンバー	ラッキーアイテム	ラッキーカラー
2	ランチョンマット	銀

＼ ラッキーをみちびく言葉 ／

人に頼られたら、今度は頼ってみよう

しし座

（7/23〜8/22生まれ）

自分の周囲を楽しくさせる
エネルギッシュな行動派

いつでも元気いっぱいで、まわりのみんなを楽しくさせる、しし座。思い切りのよさがあるから、難しそうなことにも積極的にチャレンジします。自分の考えを持っていて、それを口に出せる度胸もあるから、自然とまわりに人が集まってくる予感。

長所 ♦

面倒見が良いから、悩んでいそうな人に話しかけたり、困っていそうな人をすすんで助けてあげたりします。自分に自信があって、いつも堂どうとしているのも◎。

短所 ✎

自分の思い通りにいかないと、イライラすることが多そう。ついまわりのものにあたったり、こわい顔をしたりするので、せめて顔だけでも笑顔でいましょう。

ラッキーナンバー
1

ラッキーアイテム
イヤホン

ラッキーカラー
金

＼ ラッキーをみちびく言葉 ／

スマイルを忘れず、がんばって

おとめ座

（8/23〜9/22生まれ）

しっかり者で正義感強め
ちゃんとしてる優等生

細かいことに気がついて、常にきちんとしている自分が好きな、おとめ座。まわりにいるみんなにやさしくできるし、ダメなことにはちゃんと反対する正義感を持っています。頭が良くて、しっかりと自分の意見を言えるから、大人から信頼されることも多そうです。

長所

大人みたいなしっかりとした考えができる頭の良さがあります。人前でもきちんとできるから、クラスの代表などに選ばれることも多そう。きれい好きなのもポイント。

短所

小さいことに気を取られて、悩んだりイライラしたりしそう。でも、そのほとんどは放っておいても大丈夫なこと。不安になったら、すぐ気持ちを切りかえましょう。

ラッキーナンバー	ラッキーアイテム	ラッキーカラー
5	ハンカチ	白

\ ラッキーをみちびく言葉 /

細かいことは気にしないで大丈夫！

てんびん座

（9/23〜10/23生まれ）

マイペースをくずさない
クールで大人っぽい人

みんなが大さわぎしていても、一人だけ普通にしてたりする、マイペースなてんびん座。あまり感情的にならないし、みんなと仲良くできるから、大人っぽく見られることが多そう。面倒なことをイヤがりがちだけど、隠れた努力が好きなので、一人のときはがんばります。

長所 ◇

いつも冷静にまわりを観察しているから、みんなが悩んでいるときでも、正しい意見を言えたり行動できたりします。美的センスもあるから、常にオシャレでいられそう。

短所

面倒なことが嫌いだから、予想よりちょっとやることが多くなったり、急なお願いをされたりすると、すぐ心が折れてあきらめがち。もう少し粘ったほうがよさそう。

ラッキーナンバー	ラッキーアイテム	ラッキーカラー
6	ヘアピン	ピンク

＼ ラッキーをみちびく言葉 ／

面倒なことがあってもやる気をキープして

さそり座

（10/24〜11/22生まれ）

おとなしいと思われるけど
粘り強さは誰にも負けない

普段はもの静かで、おとなしいと思われることが多い、さそり座。でも実は、自分の気持ちを表に出さないだけ。好きなことにはすごく熱中するし、ここぞという場面では人一倍がんばります。カンが鋭いから、何となく頭に浮かんだことがズバリ当たることも多そう。

長所 ◈

好きなことがあると、他のことを忘れて熱中する集中力があります。苦しくてもがんばる底力があるので、打ちこめるものを見つけると、将来すごい人になれるかも。

短所 ♫

普段からもの静かにしているから、まわりの人に、自分の気持ちを変な風に解釈されて、困ったりしそう。思うことがあったら、ちゃんと口に出して伝えましょう。

ラッキーナンバー	ラッキーアイテム	ラッキーカラー
0	人形	ワインレッド

＼ ラッキーをみちびく言葉 ／

自分アピールもときには大事

いて座

（11/23〜12/21生まれ）

**細かいことを気にしない
何でも一番のスピードマン**

おおらかで細かいことを気にしない、いて座。性格に裏表がないから、誰にでも平等にふるまうし、人からしたわれることも多そう。思いつきで行動しがちだけど、それがいい結果になったりする、要領がいいところもあります。じっとしてるのが何より嫌いな一面も持っています。

長所 ◇

とにかく行動がスピーディー。何でも一番に始めるし、そんな自分を好きだと思っています。悩むことがあっても、すぐ自分なりの答えを出してケロッとしてそう。

短所 ✄

趣味でも勉強でも、あきっぽいところがあります。何かに熱中していても、ちょっとしたきっかけで興味を失ったりしそう。一度立ち止まって、考え直しましょう。

ラッキーナンバー	ラッキーアイテム	ラッキーカラー
3	スニーカー	むらさき

＼ ラッキーをみちびく言葉 ／

あきてきたなぁと思っても、もう少し粘って！

やぎ座

（12/22〜1/19生まれ）

休日などない ←

リーダーの素質を秘めた
超負けず嫌いの努力家

負けず嫌いで、スポーツやテストのときは誰よりもがんばる、やぎ座。自分ががんばり屋だとわかっているから、何をするときも1つずつ、じっくりとこなしていきます。みんなをひっぱる存在になりたいという気持ちもあるから、リーダーに立候補すると活躍できそう。

長所 ◇

つらいことからにげない強い心の持ち主。誰から言われなくても、遊ぶのをガマンして勉強や運動の練習ができそう。友だちと一緒にがんばるともっとはかどるかも。

短所 ✿

ライバルに勝ちたいあまり、つい無理しすぎてバテてしまうところがあります。じっくりやりすぎて出遅れることも多いから、やりながら考えるクセをつけましょう。

ラッキーナンバー	ラッキーアイテム	ラッキーカラー
8	小銭入れ	ベージュ

＼ ラッキーをみちびく言葉 ／

スタートで出遅れないこと

濡れた ←

みずがめ座

（1/20〜2/18生まれ）

好奇心とユニークな感性を持つ
うわさが大好きな変わり者

変わったものが好きだったりユニークな考えをしたり、人とはちょっと違うところを持っている、みずがめ座。独特の感性で友だちを笑わせたり、感心させたりしています。好奇心も強いからニュースに敏感だし、他人のヒミツなどを知りたがる一面も持っています。

長所 ◇

誰も思いつかない意見を言えそう。まわりの人から一目置かれていて、大人からアイデアを求められることも。普段から知識をためる努力をしておきましょう。

短所 ✎

自由にやりたいあまり、順序を飛ばしたり危なっかしいやり方で進めてしまいそう。料理や工作など、そのせいで失敗してしまうことも。セオリーを守りましょう。

ラッキーナンバー	ラッキーアイテム	ラッキーカラー
4	タブレット	黄緑

＼ ラッキーをみちびく言葉 ／

他の人の考えも勉強になる

うお座

（2/19〜3/20生まれ）

ぎょっ!!

やさしさと直感力を兼ね備えた
大人っぽくて神秘的な人

困っている人や悩んでいる人の相談にのってあげたり助けてあげたりするのが上手な、うお座。人の気持ちに敏感だから、相談ごとには見事なアドバイスができます。直感力もあるから、悪い予感やいい予感が当たることも多そう。感情豊かなのも魅力の1つです。

長所 ◇

困っている人を助けるうちに、友だちが増えていきます。自分が困ったとき、友だちに助けてもらえることも。特に同性の友だちとは長く続く関係になりそう。

短所

感情の起伏が激しいところがあります。さっきまでニコニコしていたのに、急にイライラして、人から心配されてしまいそう。気持ちを落ち着ける練習をしましょう。

ラッキーナンバー	ラッキーアイテム	ラッキーカラー
7	ビー玉	水色

＼ ラッキーをみちびく言葉 ／

心を落ち着けて、やさしいあなたでいて

あ行

あなたの名前の頭文字から、秘められた性格や才能がわかります。

あ

1つのことにのめりこんで、コツコツと誰も知らないことまで深く調べる、探究心と粘り強さを秘めています。グループをまとめてひっぱっていく、リーダーの才能もありそう。

向いている職業 研究者 プロデューサー

い

どちらとも言えない難しいことを、はっきりと白黒つける決断力を秘めています。一度決めたことは、みんなから反対されても気にせずやりぬく行動力も、心の底に眠っています。

向いている職業 ジャーナリスト 会社員

う

大事な場面になると気持ちの切りかえが早くなり、物事に執着しない、そんな決断力を秘めています。鋭い直感力も眠っており、そのおかげで大切なものが手に入る予感。

向いている職業 経営コンサルタント 農家

え

複数のことを同時に手をつけて、しかも間違わずに最後までできる才能が、あなたにはあります。でもそれは集中しているときだけ。将来のために集中力をつける練習をしましょう。

向いている職業 薬剤師 ツアーコンダクター

お

自分とまわりをしっかりと観察する冷静さを、あなたは秘めています。グループの中で自分が何をすべきか、常に理解できそう。自分の役割を守るストイックさも才能の1つです。

向いている職業 ダンサー フラワーアーティスト

例 たなか あおい
田中 蒼→「あ」

「じ」や「ぱ」などのだく音・半だく音は取って「し」「は」に直します。

18

か行

空気読めない ←

か

1つのことを大きくふくらませる豊かな想像力が眠っています。自分では気づいていないけど、実はおしゃべり上手で、自分がイメージしたことを人に伝えるのも得意ですよ。

向いている職業　**お笑い芸人**
　　　　　　　　デザイナー

け

自分がイメージしたものを、うまくかたちにできる才能が秘められています。そのための努力をおしまない、ひたむきさも備えているので、ものづくりの分野で活躍しそうですよ。

向いている職業　**シェフ**
　　　　　　　　服飾デザイナー

き

厳しいことを言っても許されたり受け入れられたりします。『愛され力』のような人間的魅力が、あなたの中に眠っています。いつもニコニコしていると、早く才能が開花しそう。

向いている職業　**予備校講師**
　　　　　　　　演出家

こ

場所や環境がかわっても、すぐに自然となじめる柔軟性の持ち主です。どんな人とも仲良くできるけど、いつのまにか自分のペースに持っていく要領の良さも秘めていたりします。

向いている職業　**銀行員、俳優**

く

自分にとって大切な人や場所を守りたいと思う、深い愛情を秘めています。ここぞというときはすごい底力を発揮して、休みなしでパワフルに動き回る行動力も眠っているようです。

向いている職業　**教師、警察官**

す

知識や情報を追求して自分のものにするどん欲さが、あなたの眠れる才能。それは将来、クリエイティブな方面で開花しそう。ちょっと自分に厳しすぎるから、そこだけ注意です。

向いている職業　**ゲームクリエイター　アニメーター**

せ

細かいことを間違えないでこなす器用さが、あなたの中にあります。成長したら、人の気持ちがわかる思いやりと鋭さが目覚める予感もあるので、人に教えるのも上手になりそう。

向いている職業　**教師、料理人**

そ

何をするときもプランを立てて、計画的に進める才能が、あなたにはあります。まだ眠っている状態だけど、いつも効率的に行動する練習をしていると、その才能が開花しそう。

向いている職業　**製品開発者　イベントプロデューサー**

さ行

さ

自分が求められていることをちゃんと把握できて、それを実行できる才能が眠っています。実力アップのための努力を苦にしない一面もあるので、人前に立つ仕事に向いてそうです。

向いている職業　**声優　パフォーマー**

し

どんなことも恐れない勇気を秘めています。困難やつらいことがあっても自分の信じた道を進むけど、まわりの人にやさしくできるので、みんなから信用される魅力があります。

向いている職業　**看護師、警察官**

そーっすね

ソース

た行

ぺこり

た
目の前のことをコツコツと続けていく才能が隠れています。続けているうちにすごいことを発見したり偉くなったりする予感があります。失敗を気にしない明るさも秘めていそう。

向いている職業
プログラマー
アーティスト

て
新しいことに敏感で、これからはやることを誰よりも早くキャッチする能力を秘めています。おしゃべりするのが好きで、将来は知らない人とすぐ仲良くなる才能も目覚めそう。

向いている職業
記者
ショップ店員

ち
壁にぶつかったり困難に直面したりすると、いつも以上にやる気がわいてくる、そんな力があなたの中に秘められています。人に教えるときが、一番その才能を発揮できそう。

向いている職業
スポーツトレーナー
バリスタ

と
感性が豊かで、ちょっとした変化にも敏感に気づく力が眠っています。特に動物や植物の気持ちを読み取るのが上手。ときにはクールに割り切れる、大人な一面も、秘めた才能の1つです。

向いている職業
馬の調教師
気象予報士

つ
あなたは、初めてやることでも、すぐにうまくコツをつかむ才能を秘めています。先輩の行動から仕事のポイントを見つけられそう。他の人より早く偉くなれるかも。

向いている職業
マジシャン
伝統工芸士

ぬ

誰にもできないすごいことを成しとげる力を秘めています。ただしその才能は、自由に時間を使えるときだけ発揮できるようです。そんな環境をつくる努力から始めましょう。

向いている職業
シンガーソングライター
整体師

ね

自分が言いたいこと、思ったことを上手に人に伝えられる才能にあふれているあなた。今はまだ眠っているけど、少しずつ練習していけば、その才能をいかした仕事で成功しそう。

向いている職業
作家
コメンテーター

の

あなたの中には、何でもコツコツこなす忍耐力と几帳面さが秘められています。その才能は成長するにつれてスピーディーになっていく予感も。難しい仕事もスイスイこなしそう。

向いている職業
税理士
翻訳家

な行

な

グループで1つのことをやるとき、すごいリーダーシップを発揮する才能が、あなたの中にはあります。チームメイトへの気遣いができるやさしさもあるから、最高のチームをつくれそう。

向いている職業
歯科医師
スポーツ選手

に

その場の雰囲気を明るくしたり、みんなを笑顔にしたりする、すごい力が眠っています。でも、その才能は努力しないと目覚めない様子。その日を夢見てコツコツがんばりましょう。

向いている職業
タレント
美容師

青春だよな

なんか

は行

ハピネス!!

へ

いろんなことをすごく上手に整理する才能が眠っています。部屋の整理整頓はもちろん、たくさんの違う意見や情報などの整理も得意そう。ガマン強くがんばる力も秘めています。

向いている職業
建築家
プロデューサー

ほ

あなたの中に眠っているのは、むだなことをせず効率的に動ける要領の良さ。自分に厳しくできる意思の強さもあるから、将来は人と競争する仕事や責任の大きい仕事で活躍できそう。

向いている職業
スポーツ選手
パイロット

は

あなたは、人一倍豊富な探究心を秘めています。特に自分の興味があることについては、しつこく調べ続けそう。たとえ仲間がいなくても、一人でがんばれる強さも備えています。

向いている職業
研究者
大学教授

ひ

サブリーダーポジションでかがやく才能が、あなたの中にはあります。観察力があるから、リーダーの足りないところをサポートできそう。そのうち自分が次のリーダーになれるかも。

向いている職業
公務員
航空整備士

ふ

自分のためになると思ったことは、すごくがんばれるのが、あなたの隠れた才能。すごく集中力が出て、何でもスピーディー＆正確にこなせます。自分で目標を設定してもOKです。

向いている職業
駅員
図書館司書

ま行

む
経験がないことや行ったことがない場所にも積極的に飛びこんでいく勇気を秘めています。将来は、あなた独自の魅力も開花する予感があるから、人はもちろん動物にも好かれそう。

向いている職業　**登山家、飼育員**

め
手先が器用で細かい作業も割と簡単にこなせる才能があります。自分で自分にダメ出しできる厳しさも兼ね備えているから、将来は1つの分野で誰にも負けない達人になれそう。

向いている職業　**楽器演奏者　工芸職人**

も
今まで誰もやったことがないことに出会うとファイトがわいてきます。それがあなたの隠れた才能です。チームをつくるのもうまいから、将来は頼れる仲間がたくさん現れそう。

向いている職業　**料理研究家　ヘア&メイクアップアーティスト**

ま
どんなところでも普段どおりに生活できる順応性と、何でも好意的に受け止められるやわらかい頭、2つの才能を秘めています。将来は世界をまたにかけて活躍する仕事が向いてそう。

向いている職業　**客室乗務員　外交官**

み
他の人がおどろくような独創的なアイデアを思いつく力が眠っています。人がどう思っているかを敏感に察する力もあるから、成長するにつれて、いろんな場所で評価されそうです。

向いている職業　**ヘア&メイクアップアーティスト　エステティシャン**

よ

ちょっとしたひらめきを、大きくふくらませて、すごいことに仕上げる才能が眠っています。普段から、思いついたことをメモして見返していると、その力が早めに開花しそう。

向いている職業　ファッションデザイナー　絵本作家

や行

やっちゃえ

ら
ら行

ジャッ!!

ら

ほめられるたびに急成長するのが、あなたの隠れた才能。特に偉い人からほめられると、一気にレベルアップする予感。元気がいいからみんなのムードメーカーになりそう。

向いている職業　スポーツインストラクター　雑誌編集者

や

美しいものやきれいなものを感じとるセンスが、あなたの中に眠っています。ただ、そのセンスはある程度みがかないと開花しないようです。自分を信じて勉強を続けてみましょう。

向いている職業　カメラマン　キュレーター

ゆ

そのとき一番大切なことにすぐ気づける、頭の回転の速さとカンの鋭さを秘めています。その才能は、人間関係で一番発揮できるので、将来はたくさんの人と仲良くなれそう。

向いている職業　通訳　ミュージシャン

ろ

どんな人にもきちんと自分の意見が言えて、大変な場面でも堂どうとした態度がとれる度胸が、あなたには秘められています。特に人助けをするとき、その才能が大いに役立ちそう。

向いている職業　消防士　介護福祉士

り

難しい悩みに答えを出せる決断力と、人を動かす才能を秘めています。自分をみがくほど、その力はパワーアップ！オシャレを勉強したりして、もっと自分を好きになりましょう。

向いている職業　医師、YouTuber

わ行

カチッ

る

ライバルがいるほど実力以上の力を発揮できる競争意識が、あなたの中に眠っています。意外と素直なところもあるので、ライバルから学んで大きく成長していきそう。

向いている職業　舞台俳優　パティシエ

わ

どんな人にも、難しいことをわかりやすく伝える表現力が、あなたには秘められています。また、人にやさしく注意する才能もあるから、人と接する仕事につくと、大活躍できそう。

向いている職業　保育士、秘書

れ

機転の利いた行動がとれて、相手がやってほしいと思うことを先回りしてできる、頭の良さが、あなたには秘められています。毎日、誰かと話すと、その才能がもっとみがかれそう。

向いている職業　アナウンサー　獣医師

名前の頭文字でわかる

性格ランキング

怒りっぽい部門

1位 （い）　**2位** （さ）　**3位** （れ）

涙もろい部門

1位 （む）　**2位** （て）　**3位** （や）

楽しみ

リーダーに向いている部門

1位 （は）　**2位** （し）　**3位** （ろ）

お金持ちになりそう部門

1位 （ね）　**2位** （お）　**3位** （め）

結婚が早そう部門

1位 （く）　**2位** （こ）　**3位** （ま）

誕生日一覧

月	期間	樹木の名前
1月	12/23 〜 1/20生まれ	カバ
2月	1/21 〜 2/17生まれ	ナナカマド
3月	2/18 〜 3/17生まれ	トネリコ
4月	3/18 〜 4/14生まれ	ハンノキ
5月	4/15 〜 5/12生まれ	ヤナギ
6月	5/13 〜 6/9生まれ	サンザシ
7月	6/10 〜 7/7生まれ	オーク
8月	7/8 〜 8/4生まれ	ヒイラギ
9月	8/5 〜 9/1生まれ	ハシバミ
10月	9/2 〜 9/29生まれ	ブドウ
11月	9/30 〜 10/27生まれ	キヅタ
12月	10/28 〜 11/24生まれ	アシ
13月	11/25 〜 12/22生まれ	ギンバイカ

1月 カバ

（12/23〜1/20生まれ）

ストイックだね〜

目標を見つけてから行動するあなた。ゴールが決まっていると人一倍がんばれるけど、そのときの気分で行動して、目標を見失ってしまうこともあります。競争意識が旺盛だから、ライバルがいると成長が早いのも特長です。

未来にありそうなこと

手ごわいライバルと競争しているうち、めきめき実力がついて、すごい賞を取りそう。

2月 ナナカマド

（1/21〜2/17生まれ）

しっかりとした考えを持っていて、いつも自分の意見をまわりに主張するあなた。批判や失敗も気にしないから、自然とまわりが影響されて、あなたのまわりに人が集まってきます。たまに衝動的になりがちなので注意しましょう。

未来にありそうなこと

堂どうとした態度を買われて、大きなグループのリーダーをまかされ、大活躍しそう。

3月 トネリコ

（2/18〜3/17生まれ）

いつも誰かをライバル視しているけど、それを表に出さず静かに努力をしているのがあなた。独立心も旺盛で、自分から率先して動くため、偉い人から一目置かれているかも。にこやかに人と接すると、もっと成長しそう。

未来にありそうなこと

ためこんでいた感情が爆発するけど、それが人の心を打って、急に友だちが増えそう。

4月 ハンノキ

（3/18〜4/14生まれ）

どんな人にも親切にできる、やさしい心の持ち主。相手によって態度が変わらないから、はば広い人から好かれます。好奇心が強く、いろんなものに手を出しますが、その経験が自分を高めていくので、迷わずいきましょう。

未来にありそうなこと

持ち前のやさしさで、グループの人気者になりそう。一度に複数の人から告白されるかも。

5月 ヤナギ

（4/15〜5/12生まれ）

人の気持ちに敏感で、誰とでもうまく話を合わせられる柔軟性のあるあなた。さりげなくフォローしてあげたり、やさしい行動ができますが、気まぐれな一面もあり、急にやる気を失い、なまけてしまうことも。少し落ち着いて。

未来にありそうなこと

あなたの気まぐれに合わせてくれる人が現れて、どんなことも話せる関係がきずけそう。

6月　サンザシ

（5/13〜6/9生まれ）

頭の回転が速くて、おしゃべりが上手なあなた。でも、つい調子にのって相手を傷つけてしまうこともありそう。友だちなどまわりの人に影響されやすいところもあるから、自分で判断するクセをつけたほうがいいかも。

未来にありそうなこと

フットワークの軽さと機転が利くところをいかして、新しい仕事などを立ち上げそう。

7月　オーク

（6/10〜7/7生まれ）

じっとしていられず、常に変化を追い求めるエネルギッシュなあなた。でも、同じことを続けるのも得意だったり、いろんなことで器用さを発揮しそうです。なりたい自分と今の自分の差に悩むけど、少しずつ努力していきましょう。

未来にありそうなこと

気軽に新しいことを始めたら、予想以上にハマッて、その道の第一人者になるかも。

8月 ヒイラギ

（7/8〜8/4生まれ）

どこか落ち着いた雰囲気がただようあなた。その場にいるだけで、まわりの人をホッとさせる力があります。実は自分自身は緊張しやすいタイプだったりしますが、腹をすえてやる気を出せば、すごい集中力を発揮します。

未来にありそうなこと

まかされた役割や仕事を通して、思い続けてきた夢がかなうなどうれしいことが起こりそう。

9月 ハシバミ

（8/5〜9/1生まれ）

頭の回転が速くてセンスがあり、いろんなことを上手にこなせるあなた。でも、自分のことにはあまり関心がなくて、髪型やファッションなど、適当になりがち。もっと自分に興味を持って自分みがきをするといいでしょう。

未来にありそうなこと

ツイてないことのあとに、ラッキーが起こることがたびたびありそう。不運は気にしないで。

10月 ブドウ
（9/2〜9/29生まれ）

細かいことにいち早く気づく、繊細な感性を持っているあなた。人の役に立ちたいという気持ちが強く、みんなのためにがんばるけど、その反面、一人で行動するのが苦手だったりします。主体性を持つことを心がけましょう。

未来にありそうなこと

自分の好きな人や場所を見つけられて、余計な気を使わずリラックスした日常が送れそう。

11月 キヅタ
（9/30〜10/27生まれ）

気さくで話しやすい雰囲気を持ち、聞き上手でもあるあなた。仲のいい友だちがたくさんできそうですが、その分、人にふり回されてしまうことも多くなります。ときには流されるのをやめて、自分を優先していきましょう。

未来にありそうなこと

広い人脈を通じて、うれしいことが何度もまいこみそう。わけへだてなく人と付き合って。

12月　アシ

（10/28〜11/24生まれ）

ヒマがあれば周囲のことをつぶさに観察しているあなた。他の人のヒミツやうわさ話など、いつのまにかくわしくなりそう。いつも情報を多く持っているため、自分の考えが正しいと思いがちなところだけ、注意しましょう。

未来にありそうなこと

情報通ということが知れわたるうちに、恋の相談などを持ちかけてくる人が多く現れそう。

13月　ギンバイカ

（11/25〜12/22生まれ）

困難なことにもくじけない勇気を持っているあなた。意外とマイペースで、人と一緒にいるより一人で行動するほうが好きだったりします。こだわりもないので、突然、全部投げ出して新しい環境に挑戦することもありそう。

未来にありそうなこと

心を開いて接することができる人と出会って、今までにない充実した生活を送りそう。

Part **2**

恋愛の相性占い

← はずかしい

生年月日からみちびき出す運命数で、あなたの恋愛傾向や相性のいい相手がわかります。

運命数の出しかた

1〜3にそって、
あなたの運命数を計算しましょう。

1 自分の生年月日を書き出します。

1993年6月30日

↓

2 数字をすべて足します。

1+9+9+3+6+3+0＝31

↓

3 足した数字をもう一度足します。

3+1＝4

↓

運命数は **4**

※数字が2ケタになる場合は、もう一度数字を足して1ケタになるまで続けます。

パパパパーン

運命数 1

自分に自信があって
粘り強くがんばるリーダー

クールなようで、実はすごく熱血タイプのあなた。困難な場面でも心が折れない粘り強さと自分の信念に従う自信があり、最後までがんばります。ちょっと怖いと思われがちですが、頼りがいがあるので、好意を持たれやすそう。

♥ あなたと相性がいい相手は？ ♥

2 と 6

どちらも思いやりがあるから、あなたのやりたいようにやらせてもらえて、すごく居心地のいい関係になりそう。あなたが困ってるときは、一番にかけつけてくれたりもします。

2 と 6 の人ともっと仲良くなるには？

向こうから距離をちぢめてくることはほとんどないので、あなたが積極的に声をかけたりメッセージを送ったりして、アクションを起こしましょう。

2 運命数

落ち着いている大人だけど
好きな人には一直線！

誰にでもやさしく、一歩下がって人と接するあなた。細かいことに気がつくけど、そのせいでちょっと考えすぎる人と誤解されることもあります。好きな人ができると、そのことで頭がいっぱいになりがち。

好きだ！と思ってる ←

あなたと相性がいい相手は？

1と8

どちらも積極的なタイプだから、普段は本音を言えないあなたでも、自然と話せそう。ちょっとふり回されることもあるけど、それも楽しめるようになれば、もっといい相性に！

1と8の人ともっと仲良くなるには？

だいすき

新しい世界に飛びこむ気持ちで、向こうのノリに身をゆだねましょう。否定的なことはなるべく言わないで、その場を楽しみましょう。

3

運命数

社交的でみんなの人気者
自分のペースで恋愛しがち

明るくて、みんなを楽しくするあなた。話もおもしろいから、友だちがたくさんできそう。実は負けん気が強くて人とぶつかったりするので、頑固な人と思われることも。恋愛も強気。自分のペースで相手をひっぱろうとします。

Part 2 恋愛の相性占い

♡ あなたと相性がいい相手は？ ♡

5と6

どんなタイプとも仲良くできるけど、特に5の人と相性が最高。頼れるパートナーになってくれるでしょう。気を使わず、楽にいられるのは6の人。落ち着いた関係がきずけます。

5と6の人ともっと仲良くなるには？

特別なことをしなくても、いつも通り、みんなと明るく話しているだけでOK。その場を盛り上げていれば自然と仲良くなれますよ。

4

運命数（うんめいすう）

努力家（どりょくか）ながんばり屋（や）さん
恋愛（れんあい）もマジメな相手（あいて）が◎

すりりんこ

勉強熱心（べんきょうねっしん）で、何（なん）でもきちんとこなすがんばり屋（や）のあなた。新（あたら）しいことがちょっと苦手（にがて）だけど、まわりからはうまくやる人（ひと）と思（おも）われます。正直者（しょうじきもの）だから、性別問（せいべつと）わず好意（こうい）を持（も）たれますが、安定（あんてい）第一（だいいち）で、マジメな恋愛（れんあい）を好（この）みます。

♥ あなたと相性（あいしょう）がいい相手（あいて）は？ ♥

7と9

似（に）たタイプの7の人（ひと）と9の人（ひと）は、お互（たが）いが相手（あいて）の気持（きも）ちを考（かんが）えられるので、一緒（いっしょ）にいて疲（つか）れたりせず、気楽（きらく）な関係（かんけい）がきずけます。また、自分（じぶん）と同（おな）じ4の人（ひと）とも自然（しぜん）と仲良（なかよ）くなれます。

7と9の人（ひと）ともっと仲良（なかよ）くなるには？

声（こえ）が聞（き）きたい →

時間（じかん）がたてば、仲良（なかよ）くなれますが、すぐにという場合（ばあい）は、仲良（なかよ）くなりたいという気持（きも）ちを伝（つた）えるのが一番（いちばん）。勇気（ゆうき）を出（だ）しましょう。

運命数

5

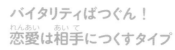

バイタリティばつぐん！
恋愛は相手につくすタイプ

行動力があって、みんなをひっぱって
いくタイプのあなた。計画をたてて行
動するのは苦手なので、ハプニングを
起こす人と思われているかも。恋愛は
反対されるほど燃えるけど、好きな人
には思いやりを持って接します。

愛 ←

♡ あなたと相性がいい相手は？ ♡

3と5

気分が変わりやすいあなたに合わせてくれる
3の人は、一緒にいてすごく楽しくなります。
5の人は、同じタイミングで電話したり、似
た者同士ならではの、いい関係をつくれそう。

3と5の人ともっと仲良くなるには？

話したかった

あなたから積極的に連絡したり遊びにさそったりし
て、強引に自分のペースにのせるのが◎。特に3の
人には効き目ばつぐんです。

6 運命数

隠れて努力するタイプ
恋愛ではモテやすいかも

勉強も遊びも人一倍がんばるあなた。要領がいいので、まわりからは、努力していないのにできる風に見られますが、自分ではあまり気にしていません。恋愛は落ち着いて相手を選びますが、相手からひとめぼれされることも多そう。

なでなでしてほしい

あなたと相性がいい相手は?

1と3

いつも明るい3の人と一緒にいると、お互いがいい雰囲気になろうと努力する相思相愛の関係になりそう。1の人は、小さなことをきっかけに、ずっと一緒にいるようになります。

1と3の人ともっと仲良くなるには?

合わないと元気でない

相手が大好きな話題や、興味を持ちそうな話題を、あらかじめ勉強しておいて、ふとしたときに話すと、仲良くなれるきっかけになります!

7 運命数

クールで慎重なタイプ
好きな人の前では感情豊か

よく考えてから行動する慎重派なあなた。あまり感情や弱みを出さないから、まわりからはクールに思われてそう。仲がいい友だちや好きな人と二人でいるときは泣いたり笑ったり豊かな表情を見せて、相手にもやさしくします。

♡ あなたと相性がいい相手は？ ♡

4と8

大人な考え方ができる4の人は、一緒にいると何でも話せて、悩み相談もできそう。8の人にはふり回されっぱなしだけど、それがなぜか楽しくて、あなたがぞっこんになりそう。

4と8の人ともっと仲良くなるには？

8の人には、とにかく近くにいれば、声をかけてもらえそう。4の人は毎日あいさつしたりして、少しずつ仲良くなっていくのがコツです。

8 運命数

エネルギッシュな行動派
恋愛も情熱的で一途

情熱的で目標に向かってがんばるタイプのあなた。集中力もあって、つらいことがあっても途中で投げ出さないので、根性がある人と思われそう。恋愛も燃えるタイプ。好きな人には一途に突っ走るし、すごくやさしくなります。

あなたと相性がいい相手は?

2と7

2の人は、あなたが間違った方向に進もうとすると、やさしく教えてくれそう。7の人は、あなたがくじけそうなときに、そっと背中をおしてくれる心強いパートナーになります。

2と7の人ともっと仲良くなるには?

苦手なことや知らないことを教えてもらうと、少しずつ距離が近くなりそう。恥ずかしがらずに、何度もお願いしてみましょう。

9 運命数

恥ずかしがり屋だけど人気者
恋愛はスローペースが吉

想像力が豊かで、ユニークなことを思いつくあなた。おもしろい人と思われているけど、ちょっと恥ずかしがり屋で、意見を言えない一面が。理想が高い上にひとめぼれしやすいので、じっくり考えたほうがうまくいきます。

♡ あなたと相性がいい相手は？ ♡

4と9

4の人は、お互いの足りないところをフォローしあえるベストな関係になれそう。9の人は、最初だけケンカしちゃいそうだけど、そのうち何でも話せる楽しい間柄になります。

4と9の人ともっと仲良くなるには？

一緒に同じことをやるときが、仲良くなるチャンス！運動会や遠足で、同じグループにさそってみましょう。近くの席に座るのもOK！

けっ えき がた うらな
血液型占い

あなたの恋愛観や
気になる相手との恋の相性を
血液型別に占いましょう。

恋愛編

A型

コツコツ進める努力家
恋愛もスローペース

どんなことでも、しっかりやらないと気がすまないのがA型。完璧主義なので、ささいなミスでもやり直す、粘り強さがあります。恋愛で、ひとめぼれすることはほぼないですが、好意を寄せられると急に好きになることも。

B型の相手

両極端な相性。考え方が正反対のため、全然合わないか、お似合いのカップルかのどちらかに落ち着きます。A型が寛大になって、B型の好きにさせるとよさそう。

A型の相手

お互いの考え方や気持ちが似ているため、いろんな場面で共感しやすく、とてもいい関係がきずけます。余計なことを言わなくてもわかりあえる、良好な相性です。

AB型の相手

AB型に相談にのってもらったり、デートコースを考えてもらったり、AB型に頼りっぱなしな関係になります。けれど、AB型はそれを楽しいと思うなかなかいい相性。

O型の相手

自由奔放な言動のO型にひっぱられつつも、それをA型が楽しめる、なかなかいい相性。A型が、二人の関係をしっかりコントロールすると良いパートナーになれます。

B型

ねてた ←

たくさんの友だちに囲まれる
その中から恋人が現れそう

感情のままに行動して、たびたび周囲をふり回しますが、誰に対しても心を開くので、たくさん友だちができます。友だちにピンチを助けてもらうこともありそう。恋愛では、友だちから恋愛に発展しやすい傾向があります。

B型の相手 ♥

お互いマイペースでゆずらないところがあるので、衝突ばかり。ただ、一緒にいて一番楽な好相性なので、長続きしやすい関係です。意識して一歩引きましょう。

A型の相手 ♥

考えが正反対なので、すごく仲良くなるか全然合わないか、どちらかに落ち着きます。B型にとってはやりづらいけど、A型の好きにさせるといい関係になります。

AB型の相手 ♥

神経質だけど社交的なAB型をB型が尊敬し、何かとフォローしてあげようと思う、好相性。AB型から頼られたら、いそがしくても必ず力になってあげましょう。

O型の相手 ♥

B型がO型を信頼して、全部まかせられれば、いい相性になります。O型が良かれと思っておせっかいをしてきても、イヤがったりせず、黙って受け流すと◎。

O型

仲間との信頼関係が第一
恋はひとめぼれで始まる

おおらかで行動が大胆だけど、一度気になったことはとことん掘り下げます。仲間を大切にする反面、信頼できない人にはつれない態度をとることも。恋愛は、燃えやすく冷めやすいのが特徴。ひとめぼれしやすいタイプ。

B型の相手

O型がリードして、自由すぎるB型の面倒を見る関係になると、なかなかいい相性。心配だからとあれこれ口を出して、B型をきゅうくつに感じさせないのがコツ。

A型の相手

冷静なA型をもどかしく感じるけど、O型のやりたいようにやらせてもらえる、いい相性です。何かとA型にフォローしてもらえるので、O型にとっては楽な関係かも。

AB型の相手

お互いに好印象を持ちやすい相性ですが、関係が長くなるほどマンネリになりやすい関係でもあります。記念日など特別な日を設けて、新鮮さを保ちましょう。

O型の相手

お互い感情をストレートに表すため、ささいなことでケンカもしますが、盛り上がるときにはすごく盛り上がる良好な関係。年齢が離れているほうがうまくいきそう。

AB型

りっすんとぅーざ
みゅーじっく
←

大人びた強い心を持ってるけど
恋愛は自分から動けない奥手

クールで争い事を嫌うため、一定の距離を置いて人間関係をきずきますが、人にはやさしく接します。独特のこだわりがあり、それを守り続ける信念の強さもあります。恋愛は、傷つきやすく消極的。人に甘えるのも苦手です。

B型の相手 ♥

AB型が、イライラしてしまっても、B型は全然気にしないでいてくれるので、とても安心できる好相性。ただし、それに甘えすぎると、愛想をつかされる恐れも。

A型の相手 ♥

マジメなA型を放っておけず、あれこれと世話を焼いてしまうけど、それがA型にとってはうれしく感じそう。A型も感謝して、やさしくなる好相性です。

AB型の相手 ♥

お互いベタベタしたがらないので、ドライな関係になります。相性は良好ですが、進学などで環境が変わったとき、心が離れがちになるので気をつけましょう。

O型の相手 ♥

まあまあ良い相性。特に出会った当初は、お互い燃え上がり、楽しい時間を過ごせますが、関係が長くなると急に冷めてしまうかも。ベタベタしすぎに注意。

ケルト占いで見る恋の相性

気になる人の樹木も28ページの方法で調べてみましょう。相性がいい相手には積極的にアプローチすると仲良くなれるかも。

あなたの樹木
1月 カバ

♡ 相性がいい相手 ♡
オーク or キヅタ or ギンバイカ

恋愛でも目標に向かって努力するのが好きなあなたは、自分みがきをかかしません。同じように恋愛にがんばるタイプの、オークやキヅタ、ギンバイカの人と相性◎。自分の長所を積極的にアピールすると仲良くなれます。

他の人にアプローチするなら？

相手によって、積極的にいくかさりげなくいくかを使い分けましょう。

あなたの樹木
2月 ナナカマド

♡ 相性がいい相手 ♡
ハンノキ or トネリコ

ひとめぼれしやすくて、行動がわかりやすいあなたは、気になる人ができたら、その人ばかり見てそう。その正直さは、ハンノキやトネリコの人と相性◎。あなたの好意を受け取って、やさしくしてくれそう。

他の人にアプローチするなら？

全然接点がない人にひとめぼれしたら、友だちに協力してもらいましょう。

♥ 相性がいい相手 ♥

ナナカマド or ハンノキ

あなたの樹木

3月 トネリコ

ほれやすいけど冷めやすいのが、あなたの恋愛。少しイメージと違うだけで興味がなくなりそう。そんなあなたは、裏表がない恋愛をするナナカマドやハンノキの人と相性がいいです。あせらずじっくり進めると吉。

他の人にアプローチするなら？

好きになった勢いのまま、
毎日、積極的に話しかけましょう！

あなたの樹木

4月 ハンノキ

♥ 相性がいい相手 ♥

ナナカマド or トネリコ

あなたは、ちょっと変わった人を好きになりそう。ただ、気になる人にも友だちにも態度が変わらないから、相手には気づいてもらえないかも。恋愛のカンが鋭いナナカマドやトネリコの人と相性がいいです。

他の人にアプローチするなら？

「気になってます」オーラを隠さず、
近くにいるようにしましょう。

51

相性がいい相手

ブドウ or アシ

恋愛では、態度に出やすいあなた。気になる人ができると、何も集中できなくなったりしそう。そんなあなたと相性がいいのは、ブドウやアシの人。恋愛にのめりこみすぎるのを、うまく抑えてくれて、長続きできそうです。

あなたの樹木

5月 ヤナギ

他の人にアプローチするなら？
気になる人が困っていたら、
一番に助けてあげてアピールしましょう。

あなたの樹木

6月 サンザシ

相性がいい相手

ヒイラギ or ハシバミ

恋愛で奥手なあなたは、気になる人ができても何もできなそう。そんなあなたと相性がいいのは、ヒイラギやハシバミの人。向こうから話しかけてくれたり、友だちから始めてくれたり、気持ちを読み取ってくれますよ。

他の人にアプローチするなら？
友だちに相談して、気になる人の
グループに入るところから始めましょう。

♥ 相性がいい相手 ♥

キヅタ or カバ

気になる人ができると、そのことばかり考えてしまうあなたは、同じように、恋愛にのめりこみやすい、キヅタやカバの人と相性がいいです。相手の趣味や好きなことを調べて、積極的にその話題を出してみましょう。

あなたの樹木

7月 **オーク**

他の人にアプローチするなら？

友だちになるつもりで、気軽にあいさつしたり話しかけたりしましょう。

あなたの樹木

8月 **ヒイラギ**

♥ 相性がいい相手 ♥

サンザシ or ハシバミ

器用なあなただけど、恋愛はちょっと不器用。気になる人の前では無口になるなど、わかりやすい恋愛をします。あなたと相性がいいのは、サンザシやハシバミの人。波長が合うから、いつのまにか両思いになったりしそう。

他の人にアプローチするなら？

SNSやメールで仲良くなりましょう。友だちにも協力をお願いすること！

Part 2 恋愛の相性占い

♡ 相性がいい相手 ♡

サンザシ or ヒイラギ

あなたの樹木

9月 ハシバミ

自分の恋愛に鈍感なあなた。何となく仲がいい人はできても、そこから先はなかなか進まないかも。そんなあなたは、サンザシやヒイラギの人と相性がいいです。あなたのペースに合わせてのんびり関係を進めてもらえそう。

他の人にアプローチするなら？

好きという気持ちを自覚して、友だちに協力してもらいましょう。

あなたの樹木

10月 ブドウ

♡ 相性がいい相手 ♡

ヤナギ or アシ

さみしがりでほれっぽいあなた。いつも誰か気になる人がいるけど、思うだけで話もできなかったりしそう。あなたと相性がいいのは、ヤナギやアシの人。あなたの気持ちを察してくれて、相手から距離をちぢめてくれます。

他の人にアプローチするなら？

手紙を書くのが一番気持ちが伝わります。

💜 相性がいい相手 💚

カバ or オーク or ギンバイカ

友だちが多いあなたは、その中から気になる人が現れそう。特に自分を持っている、カバやオーク、ギンバイカの人と相性が良好です。そんな人の近くにいるようにして、毎日あいさつするなど、さりげなくアピールしましょう。

あなたの樹木

11月 キヅタ

他の人にアプローチするなら？

持ち前の気配り上手さを発揮して、いろいろ助けてあげましょう。

あなたの樹木

12月 アシ

💜 相性がいい相手 💚

ヤナギ or ブドウ

自分の恋愛も冷静にいこうとするけど、結局は気持ちに従って行動しそう。そんなあなたは、人の気持ちがわかる頭の良さと思いやりがあるヤナギやブドウの人と好相性。気持ちを落ち着かせてもらえて、飾らない恋愛ができそう。

他の人にアプローチするなら？

気になる人の趣味や好みを勉強して、話が合うようにしておきましょう。

♡ 相性がいい相手 ♡

カバ or キヅタ

気になる人がいても、行動に移せなくてずっとモヤモヤしてそう。そんなあなたと相性がいいのは、カバやキヅタの人。突然話しかけても、やさしく聞いてくれるから、安心できそう。そのうち向こうから話しかけてもらえます。

あなたの樹木

13月 **ギンバイカ**

うまく伝えられない ←

他の人にアプローチするなら？

二人きりのときに、思い切って告白すると吉。受け止めてもらえそう。

自己投資!!!

恋愛力をアップさせる

おまじない

10円玉1枚をきれいに洗って、緑色の折り紙に包んで持ち歩くと恋愛力アップ！
包み方は何でもOK。
自分が生まれた年の10円玉だと、より効果があります。

56

恋愛 なんでもランキング

早く結婚しそう

1位　オーク

ラブレターをたくさんもらいそう

1位　キヅタ

有名人と付き合いそう

1位　ブドウ

ドラマチックな恋をしそう

1位　ハンノキ

隠れファンが多そう

1位　アシ

ひとめぼれしやすそう

1位　ナナカマド

好きな人にたくさんつくしそう

1位　ヤナギ

バカッポー

年の離れた人と付き合いそう

1位　ハシバミ

あむあむあむあむあむ

あなたの運命の人

あなたの星座がある
スタート位置から
チャートを
始めましょう

質問に答えていけば、
今のあなたの運命の人を
みちびき出すことができます。

おひつじ座・かに座・てんびん座・やぎ座 スタート

大事な日の朝ごはん。
どっちを食べる？

うますぎる

A ご飯

B パン

ふたご座・おとめ座・いて座・うお座 スタート

月曜日の一時間目。
どっちならうれしい？

A 音楽

B 図工

おうし座・しし座・さそり座・みずがめ座 スタート

友だちのお家に遊びに行ってビックリ！ 何がいた？

A 大きい犬

B 大きい猫

うぃん
うぃん
うぃん

← A

← B

1

有名人から、1つだけ
ヒミツを教えてもらえ
るよ。どっちに聞く？

A スポーツ選手

B ミュージシャン

ワクワクするほうは
どっち？

A 欲しいものが
買えるとき

B 夏休みが
始まるとき

2

登校したら、自分の机
の中に手紙が！ 誰か
らだと思う？

A 好きな人
からのラブレター

B 友だちからの
仲直りお手紙

自然に手を組んでみて。
どっちの親指が
上だった？

A 右

B 左

3

宿題があるのに、やる
気が出ない……。どう
やって、やる気を出
す？

A 体を動かす

B 音楽をかける

「○＋○＝5」 最初に
思いついた○に入る数
字は？

A 3 ＋ 2

B 4 ＋ 1

4

診断結果は次のページへ

チャート結果

1

・ ミステリアスな雰囲気を持つ人 ・

今のあなたの運命の人は、ミステリアスな魅力がある人。いつも明るくてまわりをリードするあなたですが、自分と違うペースでいるところが気になりそう。相手はモテるタイプだけど、すぐ両思いになれそうです。

2

・ 流行に敏感なオシャレさん ・

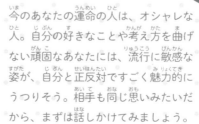

今のあなたの運命の人は、オシャレな人。自分の好きなことや考え方を曲げない頑固なあなたには、流行に敏感な姿が、自分と正反対ですごく魅力的にうつりそう。相手も同じ思いみたいだから、まずは話しかけてみましょう。

③ 勉強が得意な秀才タイプ

今のあなたの運命の人は、勉強ができる秀才。センスはいいけど、あれこれ考えすぎるあまり決断するのが苦手なあなたには、とても頼もしく思えそう。そんなあなたを、相手は守ってあげたいと思います。ベストカップル！

④ スポーツ大好きアクティブな人

今のあなたの運命の人は、運動神経がよくてスポーツが得意な人。静かにしているのが好きだけど、実は外で遊ぶのも好きなあなたの本心を読み取ってくれて、いろいろさそってくれます。近くにいるようにしてみましょう。

相性のいい 星座カップルランキング

ラブラブなカップルになりそう部門

ふわわ

1位 かに座 ♂ ― おとめ座 ♀

2位 うお座 ♂ ― しし座 ♀

3位 みずがめ座 ♂ ― ふたご座 ♀

付き合ったら結婚しそう部門

1位 おうし座 ♂ ― さそり座 ♀

2位 おひつじ座 ♂ ― かに座 ♀

3位 しし座 ♂ ― やぎ座 ♀

まわりからうらやましがられそう部門

1位 ふたご座 ♂ ― いて座 ♀

2位 おとめ座 ♂ ― てんびん座 ♀

3位 さそり座 ♂ ― うお座 ♀

ス……

おそろいコーデが似合いそう部門

1位 てんびん座 ♂ ― みずがめ座 ♀

2位 さそり座 ♂ ― おひつじ座 ♀

3位 やぎ座 ♂ ― おうし座 ♀

Part 3

友だちとの相性占い

同じこと言おうとしてた

九星気学をチェック

誕生日が1/1 〜 2/3までの人は、
生まれた年の１つ前の年の九星になります。

例) 2009年1月20日生まれの人→2008年の九星、一白水星

生まれた年	九星
1970年	三碧木星
1971年	二黒土星
1972年	一白水星
1973年	九紫火星
1974年	八白土星
1975年	七赤金星
1976年	六白金星
1977年	五黄土星
1978年	四緑木星
1979年	三碧木星
1980年	二黒土星
1981年	一白水星
1982年	九紫火星
1983年	八白土星
1984年	七赤金星
1985年	六白金星
1986年	五黄土星
1987年	四緑木星
1988年	三碧木星
1989年	二黒土星
1990年	一白水星
1991年	九紫火星
1992年	八白土星
1993年	七赤金星
1994年	六白金星

生まれた年	九星
1995年	五黄土星
1996年	四緑木星
1997年	三碧木星
1998年	二黒土星
1999年	一白水星
2000年	九紫火星
2001年	八白土星
2002年	七赤金星
2003年	六白金星
2004年	五黄土星
2005年	四緑木星
2006年	三碧木星
2007年	二黒土星
2008年	一白水星
2009年	九紫火星
2010年	八白土星
2011年	七赤金星
2012年	六白金星
2013年	五黄土星
2014年	四緑木星
2015年	三碧木星
2016年	二黒土星
2017年	一白水星
2018年	九紫火星
2019年	八白土星
2020年	七赤金星

九星気学

生まれ年からみちびき出す、九星であなたと友だちの相性を占ってみましょう。

センス
いいね

一白水星
いっぱくすいせい

誰とでも友だちになれる
だれ　　　　　とも

いつもおだやかだけど、心の中では何かに心配していたりする一白水星の人。人に合わせて動ける社交性があるから友だちは多いけど、あまり本音を言わないから親友はできにくいかも。空気を読むのもうまいから、場合によっては自分を出すと、人気が高まりそう。

相性がいい九星
あいしょう　　　きゅうせい
三碧木星
さんぺきもくせい
七赤金星
しちせききんせい

二黒土星
じこくどせい

自分をしっかり持つと人気アップ
じぶん　　　　　　　　も　　　　にんき

親しみやすそうに見えて、一度決めたことは曲げない強情さがある二黒土星の人。その雰囲気から、いろんな人が寄ってきて、友だちになれそう。中には、あなたを利用しようとする人もいそうだけど、イヤなことはきっぱりとした態度をとると、うまくさけられます。

相性がいい九星
あいしょう　　　きゅうせい
五黄土星
ごおうどせい
八白土星
はっぱくどせい

三碧木星
さんぺきもくせい

とにかく笑っていれば大丈夫
とにかくわらっていればだいじょうぶ

行動力はあるけど、そそっかしい三碧木星の
人。誰にでも親切にできるし、世話好きな面
もあるから、年下の友だちが多くできそう。
ちょっとお人好しなところもあって、みんな
にからかわれたりするけど、それもあなたの
魅力。笑っていれば、さらに人気が出ますよ。

相性がいい九星
あいしょう きゅうせい

四緑木星
しろくもくせい

一白水星
いっぱくすいせい

とりあえず 筋肉に聞いてみる

四緑木星
しろくもくせい

みんなから頼られる委員長タイプ
みんなからたよられるいいんちょうタイプ

強気に見えるけど、思いやりがあって明るい
四緑木星の人。相談ごとや頼まれごとをたく
さんの人からお願いされて人気者になりそう
だけど、みんなにいい顔をしすぎて八方美人
になってしまうかも。とりあえず、あなたが
相談できる親友を一人つくるといいでしょう。

相性がいい九星
あいしょう きゅうせい

三碧木星
さんぺきもくせい

九紫火星
きゅうしかせい

五黄土星
ごおうどせい

イラっとしてもガマンすると◎

プライドが高く自分に厳しい五黄土星の人。行動が大胆だから、ひときわ目立つし、人もあなたの近くに寄ってきそう。グループのリーダーっぽくなるけど、ストイックすぎて、友だちにも厳しくあたってしまうかも。人にやさしくすると、もっと友だちが増えますよ。

相性がいい九星
あいしょう きゅうせい

二黒土星
じこくどせい

六白金星
ろっぱくきんせい

六白金星
ろっぱくきんせい

みんなから尊敬される努力家
そんけい　　　どりょくか

頭の回転が速くて、品のある六白金星の人。負けずぎらいだから、何でも一番になろうと努力します。そんな姿を見ている近くの人からは尊敬されているけど、ちょっと関係が遠い人からは、いい子ぶってると誤解されることも。もう少し肩の力をぬくといいですよ。

相性がいい九星
あいしょう きゅうせい

五黄土星
ごおうどせい

七赤金星
しちせききんせい

話したいことが
あるらしい ←

七赤金星

一歩下がってみんなに合わせよう

おしゃべり上手で、ものおじしない七赤金星の人。気づいていないだろうけど、どんな人とも仲良くできる、友だちづくりの名人です。やさしそうな雰囲気に、みんなつい心を開きますが、それで調子にのると、人が離れていってしまうかも。落ち着いていきましょう。

相性がいい九星

六白金星　一白水星

フー……

八白土星

勇気を出して自分から声をかけて

精神的に大人っぽい人と思われがちだけど、実はおとなしくて悩みがちな八白土星の人。素直で気さくな雰囲気の中にちょっとだけ見える弱さに、助けてあげたいと思って近づいてくる人が多そう。助けてもらうだけじゃなく、自分から動くと、もっと魅力が出ますよ。

相性がいい九星

九紫火星　二黒土星

九紫火星

遊びのさそいがたくさんきそう

子どもっぽく見られがちだけど、実は頭がいい九紫火星の人。何でも積極的だから、いろんな人から遊びにさそわれて、人気者になりそう。でも、つい仲の良さを誤解して、人を傷つけてしまうことがあるから、もっと人のことを考えて相手がイヤなことはやめましょう。

相性がいい九星

四緑木星
八白土星

友情なんでもランキング

◀▶

長く友情が続く
1位 一白水星

友だちが多い
1位 九紫火星

すぐ仲直りできる
1位 五黄土星

すぐうちとける
1位 七赤金星

友情編

友だちの血液型を調べて、二人の相性をチェックしてみましょう。

	A	O
A	お互い、相手の気持ちが手にとるようにわかります。でも、言いたいことはきちんと伝えないと、心がすれ違いがちになるから、要注意。	忘れ物が多かったりする大ざっぱな友だちを、あなたが助けてあげる関係。友だちからいつも感謝されて、それをあなたもうれしく感じます。
O	マジメな友だちが、好き勝手に動くあなたをうまくコントロールしてくれる関係。プレゼントなど感謝の気持ちを表すと、長続きします。	似た者同士だから、すぐ仲良くなれるけど、あまりベタベタしすぎて、お互いがあきてしまう可能性も。時どきは離れたほうが長続きしそう。
B	自分にないところを持っている相手を、尊敬しあえる関係。あなたから積極的にいくと仲良くなれるけど、甘えすぎるとイヤがられるかも。	友だちの意外な頭の良さに、あなたがつい頼ってしまう関係。友だちにリーダーシップをとらせてあげれば、良好な関係になれます。
AB	あなたが友だちを見習いたいと思って、仲良くなろうとする関係。積極的にあれこれ助けてあげると、友だちも心を開いてくれます。	友だちが何かと、あなたに話しかけてきたり遊びにさそってきたりしそう。でも、それが心地良いし、ずっとこのままでいたいと思える、いい関係。

AB	B
あなたのしっかりしているところを、友だちが学びたいと思う関係。友だちの不器用なところを受け入れてあげると、仲良しになれます。	自分にないところを持っている相手を、うらやましいと思う関係。相手から、イジられたりするけど、愛情の裏返しだから受け入れましょう。
仲良くなるほど、あなたが友だちにベッタリになる相性。でも、友だちも、そんなあなたをかわいいと思うから、長く続く関係になれます。	どこか危なっかしい友だちを、あなたが守ってあげると、いい関係がきずけます。あなたが主導権を握ると、お互い成長できる関係になりそう。
友だちをつくるのが苦手な相手を、あなたが助けてあげる関係。あなたを通して新しい友だちが増えるから、相手に感謝されます。	お互いマイペースで、つかずはなれずだけどいい関係をきずけそう。いつも連絡をとり合うわけじゃないけど、なぜか話が合ういい相性です。
お互い、相手を変わり者と思ってあまり心を開かないけど、一緒にいると、なぜか話が盛り上がったりして、楽しい関係になります。	一緒にいて楽しいけど、ついあなたが甘えすぎてしまいそう。でも、友だちは全然気にしないで気づかってくれる、なかなかいい相性。

おひつじ座の友だち
と仲良くなるには?

負けん気が強く、勝負事が大好きなおひつじ座の人は、ゲームやスポーツで一緒に遊ぶと仲良くなれそう。あなたが勝つほど、相手は燃えてきて、あなたに興味がわきます。

おうし座の友だち
と仲良くなるには?

おだやかで、争い事がきらいなおうし座の人には、勉強などマジメな話題でおしゃべりすると仲良くなれそう。頑固な面もあるから、議論しないで、まったり話すのがポイント。

ふたご座の友だち
と仲良くなるには?

友だちづくりが上手だけど、あきっぽいふたご座の人と仲良くなるには、たくさん話題を用意しておくこと。相手が興味なさそうなそぶりをしたら、別の話題に切りかえましょう。

かに座 の 友だち
と仲良くなるには?

無関係な人 ←

自分の殻に閉じこもりがちなかに座の人には、相手の一番仲がいい人と一緒に三人で遊ぶと、心を開いてくれそう。その場はとにかく楽しそうにして、次の日はあなたからあいさつ!

しし座 の 友だち
と仲良くなるには?

いいね

とにかく自分中心だけど、面倒見もいいしし座の人は、ヘルプをお願いしたり、わからないことを聞いたりすると、すぐ親友になれそう。まずは簡単なことから頼ってみましょう。

おとめ座 の 友だち
と仲良くなるには?

病み…

傷つきやすいけど、人にちょっと厳しいところがあるおとめ座の人とは、少しずつ距離をちぢめて仲良くなりましょう。同じグループのみんなで一緒に遊ぶようにすると吉。

てんびん座の友だち
と仲良くなるには?

何でもうまくこなすけど、断るのが苦手なてんびん座の人は、自分のグループにさそって、一緒に遊ぶと仲良くなれます。断られても何回も声をかけて、強引にいきましょう。

さそり座の友だち
と仲良くなるには?

静かだけど頭がいいさそり座の人は、運動会などイベントのときに近くにいると仲良くなれます。さりげなく声をかけてみれば、意外と話が盛り上がって、心を開いてくれそう。

ポンッ

いて座の友だち
と仲良くなるには?

ドキドキ

ワクワク

友だちが多いいて座の人とは、声をかければすぐ仲良くなれます。もっと近い関係になりたいときは、知らない場所の体験など、一緒にドキドキするような遊びをすると吉です。

ほめて欲しい ←

やぎ座の友だち
と仲良くなるには？

プライドが高くて、ちょっと近寄りがたい雰囲気のある、やぎ座の人は、日頃のがんばりをほめてあげると、すごく喜びます。自分のこともほめてもらえて自然と仲良くなれそう。

みずがめ座の友だち
と仲良くなるには？

パカッッ

KUMAZYAN

する側される側問わず、サプライズが大好きなみずがめ座の人は、プレゼントをあげると仲良くなれます。手軽なものでいいから、友だちになりたい気持ちと一緒に渡しましょう。

うお座の友だち
と仲良くなるには？

こっちこっち！

自分の意見をはっきり言わない、うお座の人は、自分のペースにのせると、仲良くなれます。ちょっと無理やりでもいいから、遊びに連れていきましょう。意外と喜びますよ。

星座×血液型で見る
友情相性ランキング

1位 おひつじ座 O型 × てんびん座 O型

スクラム
組みますか!

2位 おうし座 AB型 × やぎ座 A型

3位 かに座 A型 × うお座 AB型

4位 ふたご座 B型 × おとめ座 O型

5位 おうし座 B型 × しし座 B型

6位 さそり座 O型 × いて座 A型

7位 おひつじ座 A型 × いて座 O型

8位 てんびん座 AB型 × みずがめ座 AB型

9位 おとめ座 A型 × さそり座 A型

10位 かに座 O型 × みずがめ座 B型

ゲ ゲ ゲ ゲ
ラ ラ ラ ラ

Part 4

毎日の ハッピー占い

しあわせ ←

風水で運気アップ

すぐに実践できる風水を取り入れて運気をアップさせましょう。

勉強

苦手な科目を克服したい！

→つらい

自分の部屋の南西の方角をきれいにしてから勉強すると、わからなかったところがわかるようになります。整理整頓して、この方角にゴミ箱があったら移動させましょう。

テスト前に一夜漬けでなんとかしたい！

寝ないでやる!!!

東の方角を向いて勉強すると、すぐ頭に入ります。もちろん、普段の勉強にも使えます。机を東向きに模様がえしてもOK。動かす時間は、できれば午前中がベスト。

志望校に合格したい！

→えらい

南の方角に、達成したい目標を書いた紙を貼ると、パワーアップ！ 具体的に書くほど効果的だから、第一志望の学校名や受験日など、細かく設定しましょう。

恋愛(れんあい)

好きすぎる

気(き)になる人(ひと)に
ふり向(む)いてもらいたい！

自分(じぶん)の部屋(へや)の東南(とうなん)の方角(ほうがく)に、気(き)になる人(ひと)の写真(しゃしん)を飾(かざ)りましょう。その人(ひと)が写(うつ)っていれば、集合写真(しゅうごうしゃしん)でもOKです。自分(じぶん)の部屋(へや)がない人(ひと)はリビングに飾(かざ)りましょう。

ぱぁ

VS

会(あ)わないと元気(げんき)でない

ライバルに勝(か)ちたい！

夜(よる)のうちに、次(つぎ)の日(ひ)に着(き)る服(ふく)をまとめて、北西(ほくせい)の方角(ほうがく)に置(お)いておくと、ライバルより一歩先(いっぽさき)にいけます。朝(あさ)、北西(ほくせい)の方角(ほうがく)を向(む)いて髪(かみ)をとかしたりメイクをしたりするのも◎。

理想(りそう)の人(ひと)に出会(であ)いたい！

西(にし)の方角(ほうがく)を向(む)いてご飯(はん)を食(た)べると、いろんな人(ひと)と出会(であ)えるようになります。毎食(まいしょく)が難(むずか)しい場合(ばあい)は、おやつを食(た)べるときだけでもOK。誰(だれ)かと一緒(いっしょ)に食(た)べるとさらにいいです。

ダダダダダダ

友だち

友だちを増やしたい！

自分の部屋の東南の方角に、携帯電話やタブレット、パソコンなどを置いておくと、新しい友だちがたくさんできます。そこで充電すると、さらに運気アップ！

は ーーい！！

早く仲直りしたい！

家または自分の部屋の南西の方角に、風鈴や鈴をさげて、時どき音を鳴らすと、人間関係が落ち着きます。ケンカしたと思ったら、その日のうちに音を鳴らしましょう。

ズンズンズン

もっと仲良くなりたい！

家や自分の部屋の南の方角に、ライトや照明を置いて明るく照らすと、友だちともっと仲良くなれます。1日1回その友だちを思いうかべると、さらにいいでしょう。

いつも元気でいたい！

自分の部屋の東の方角に、海や川の絵を飾ると、冬でも風邪をひかずに、元気でいられます。絵ハガキサイズでもいいけど、川の絵の場合、大きい川のほうが運気アップ。

きれいになりたい！

家または自分の部屋の北の方角に、レモンやグレープフルーツなど柑橘系の香りがするものを置くと、今よりもっときれいになれます。アロマでも芳香剤でもOKです！

もっと自分を好きになりたい！

自分の部屋の真ん中に、香りがする花を飾ると、魅力的になれてもっと自分が好きになれます。花は自分の一番好きな花が◎。特になければラベンダーを飾りましょう。

将来の夢をかなえたい！

自分の部屋の北西の方角に、時計やカレンダーをかけると、将来なりたい仕事につけたり、やりたいことが実現できたりします。見やすいデザインにするとさらに運気アップ。

色の持つパワーで運気アップ

それぞれの色の持つパワーを知ってインテリアや持ち物にとり入れてみましょう。

赤

情熱や活力など、人を元気にするパワーがあります。大事な場面や元気にいきたいとき、赤色の服やアクセサリーをとり入れたり、小物を持ち歩いたりしてみましょう。

黄色

おだやかさや明るさなど、ポジティブで安定した気持ちにさせるパワーがあります。緊張する場面では、黄色のコーデをしましょう。知性を活発にするパワーもあります。

青

冷静さや理性など、頭をクールにして正しい判断へとうながすパワーがあります。テストの日は、青ベースのコーデで！ また、こん色は芸術方面のパワーを与えます。

肩肘張らず平和的で、バランス感覚にすぐれるパワーがあります。友だちとチームワークでがんばりたいときは、緑をアクセントにしたり、小物を身に着けたりしましょう。

自分やまわりの人をやさしくさせるパワーがあります。初対面の人でも仲良くなれる社交性のパワーもあるので、初めての場所に行くときはオレンジの小物を持ちましょう。

やさしさや愛情を強めるパワーがあります。気になる人にアピールしたいときなど、ピンク中心のコーデで。恥ずかしいときは裏地など見えない部分にピンクを使いましょう。

ちょっとミステリアスな雰囲気を強めるパワーがあります。みんなのためにがんばりたくなる気持ちにさせる力もあるので、ボランティアのときなど、むらさきを身に着けましょう。

あなたの夢の印象や登場する人や物、動物などから、これから起きることがわかります。

☀ 迷子になる夢 🌙

迷子になる夢を見たあなたは、目標からちょっと遠回りしてるかも。誰かに相談してみましょう。

迷子 ←

🌙 写真を撮ってもらう夢 ☀

写真へた ←

写真を撮ってもらう夢を見たら、撮った人に注目！ その人は、あなたが一番気になっている人です。

☀ 風邪をひいた夢 🌙

風邪をひいた夢を見たあなたは、もうじき、イヤなことをすっきり忘れられそう。

ぐしゅん…

ピュ〜

☀ スポーツや
お風呂で汗をかく夢 ☾

スポーツやお風呂で汗をかく夢を見たあなた
は、もうすぐチャンスがやってくるかも。

☾ すごく怒った夢 ☀

すごく怒った夢を見たあなたは、
猛烈なエネルギーが出て、難しいこ
とも簡単にできるようになりそう。

☀ 変な風に
馬に乗っている夢 ☾

変な風に馬に乗っている夢を
見たあなたは、ちかぢか、む
だづかいをしてしまいそう。

☾ ケガをする夢 ☀

ケガをする夢を見たあなたは、仲が
いい友だちとケンカしてしまうかも。

イタタ…

100点

☀ 人前でおどる夢 ☾

人前でおどる夢を見たあなたは、勉
強やスポーツで急成長しそう。

☾ 電話をかけても つながらない夢 ☀

電話をかけてもつながらない夢を見たあ
なたには、恋のライバルが現れるかも!?

通話したい

ただいま〜

☀ 宇宙人の夢 ☾

宇宙人の夢を見たあなたには、将来の
夢を決める瞬間がおとずれるかも!?

☀ 腕が太くなる夢 🌙

腕が太くなる夢を見たあなたは、みんながおどろくほどきれいになりそう。

マッスル!!!

🌙 帰る夢 ☀

帰る夢を見たあなたは、何事も原点に戻ると、いいことがありそう！

あとはまかせた

はーーっ

☀ お風呂に入る夢 🌙

お風呂に入る夢を見たあなたは、心配事がそろそろ解決しそう。

酒

🌙 あまり買わないものを 買った夢 ☀

あまり買わないものを買った夢を見たあなた。ちかぢか、意外な人のことが気になりそう。

何買おうかな…

$

Part
4
毎日のハッピー占い

急いでいる夢

急いでいる夢を見たら、何か大事な約束を忘れているサインです。

料理をする夢

料理をする夢を見たあなたは、気になる人と仲良く話せるようになるかも。

骨付き肉の夢

骨付き肉の夢を見たら、気になる人に告白するチャンスがやってくるかも。

めん類の夢

ラーメンやうどんなど、めん類の夢を見たあなた。がんばりすぎるのをやめると、新しくやりたいことが見つかりそう。

☀ ものを壊す夢 🌙

ものを壊す夢を見たあなたは、新しい場所に挑戦するチャンスがやってきそう。

🌙 夕焼けの夢 ☀

夕焼けの夢を見たあなたは、試練をのりこえて大きく成長できそう。

明日があるさ

☀ パーティーに 出席する夢 🌙

パーティーに出席する夢を見たら、ちかぢか、友だちがたくさん増えそう。

🌙 のんびり くつろいでいる夢 ☀

のんびりくつろいでいる夢を見たあなた。今の悩みは、誰かに相談すると答えが出そう。

自分ツッコミくま選び占い

自分ツッコミくまのキャラクターたちを、今日の気分に合わせて選んでみましょう。どのキャラクターを選ぶかで、今日の運勢がわかる占いです。

くま

今日の気分に合う
くまはどれ？

1

2

3 ←

占い結果

1を選んだあなたは
今日はずっと気になっていたことが解決したり、なくなったりして、スッキリしそう！ 誰かに助けてもらえて、解決する予感だから、その人には必ずお礼をしましょう。

2を選んだあなたは
上手にコミュニケーションができそうな日。すごく盛り上がったりはしないけど、気になる子と話せたり、新しい友だちができたりしそうです。のんびりした調子で話すといいでしょう。

3を選んだあなたは
冷たい気分になってしまい、いつものやさしさが出せない日になりそう。自分でもマズイと思う瞬間があるから、そう感じたら、すぐ笑顔になって、みんなに親切にしましょう。

パグ

今日の気分に合う
パグはどれ？

にっこし

1

2 バタ バタ バタ バタ

3

♪

占い結果

1 を選んだあなたは
のんびりと過ごせそうな日。すごく楽しいこともないけど、キツイことも起こらないから、おだやかにいられそう。こんな日は、仲のいい友だちと恋愛や将来の話をするといいかも。

2 を選んだあなたは
今日は、なんとなくモヤモヤする日になりそう。いろんなことが上手にできるけど、自分が思っていたのと違う感じで、あまりうれしくなかったり……。結果オーライと思いましょう。

3 を選んだあなたは
今日のあなたは、何でも楽しく感じそう。いつも食べているものが、今日はすごくおいしく感じたりするようです。こんな日は、大好きなことばかりして、最高の1日にしましょう！

もぐらコロッケ

今日の気分に合う
もぐらコロッケはどれ？

じっ……

トゥッ

ありが

だっっ

占い結果

1 を選んだあなたは
今日のあなたは、ちょっとつよがっているようです。調子がいいと思いこんで無理すると、手痛い失敗をしてしまいそう。大事なことは明日に延期して、1日のんびりしていましょう。

2 を選んだあなたは
人の力を借りるといい日。助けてもらったり教えてもらったりするだけでなく、ツイてそうな人の近くにいるだけで、いいことがありそうです。そんな人の隣をキープしましょう！

3 を選んだあなたは
苦手なことが、なぜかうまくできそうです。今日はそっち方面の勉強をがんばりましょう。早く手をつけるほど、より上手にできる暗示もあるので、とにかく急ぐのがポイントです。

92

大型犬

今日の気分に合う
大型犬はどれ？

ちゃっちゃっちゃっ…

2
おて

3

占い結果

1 を選んだあなたは
今日のあなたは、気持ちが落ち着いていて、いろんなことに気がききそう。友だちの相談にのったり、助けてあげたり、人のために一生懸命になると、うれしいごほうびがあるかも。

2 を選んだあなたは
何とも言えない、キュートなオーラがあふれている、今日のあなた。普通にしていても人気が出そうだけど、自分からは話さないで、みんなの話を聞くようにすると、もっといいでしょう。

3 を選んだあなたは
今日はいつもより、おっちょこちょいになってしまいそう。大事な物を忘れたり、落とし物をしたりして、大あわてするかも。

Part
4
毎日のハッピー占い

チュパカブラ

今日の気分に合う
チュパカブラはどれ？

ぺこり

1

2

3

占い結果

1 を選んだあなたは
今日のあなたは、何かとひらめきがありそう。わからなかった問題がすらすら解けたり、友だちがこっそり気になっている人に気づいたりするかも。ひらめきを悪いことには使わないよう注意。

2 を選んだあなたは
すごく興味があるものに出会いそうな今日のあなた。でも、そのせいで、今までがんばってきたことを、途中で投げ出してしまう予感があります。必ず後悔するから、落ち着きましょう！

3 を選んだあなたは
ほんの小さい望みがかないそう！ 正直、そこまでうれしくないけど、それが今日のラッキータイムのスタートになります。そんなことがあったら、ちょっと難しいことに挑戦してみましょう。

94

きょりゅくん

今日の気分に合う
きょりゅくんはどれ？

1

2

聞いてなかった

ゴゴゴ

ぴ

3

占い結果

1を選んだあなたは	今日のあなたは、ちょっと冒険心が強まっています。あえて難しいことをしたくなったり、やったことがないことに挑戦したくなったりしそう。結果はどうあれ、いい体験をする予感。
2を選んだあなたは	いつもより、熱しやすく冷めやすい運気です。今日、おもしろそうと思ったことは、明日には興味がなくなっているかも。道具をそろえたりするのは、ちょっと日にちをおいてからにしましょう。
3を選んだあなたは	今日、人から言われたことは、あまり信用できない運気。「今度、遊ぼう」と言われても、連絡はずっと来ない予感です。その人と仲良くなりたいなら、あなたから連絡すると吉です。

ナガノ

イラストレーター。LINEクリエイターズスタンプで月間
MVPを獲得した「自分ツッコミくま」をはじめ、人気のス
タンプシリーズを数多く手掛ける。企業やアーティストと
のコラボ、各種グッズ展開など、多岐にわたって活躍中。

クロイ　心理テスト作家・占星術研究家

『JJ』『an・an』『nicola』などの雑誌をはじめ、WEBなど
多くの媒体で占いや心理テストを執筆。西洋占星術、タロ
ット、風水など様々な占いに精通し、キャラクター占いの
プロデュースも行う。ラジオなどの出演も多数。

BOOK STAFF

編集　今井綾子（オフィスアビ）
装丁・デザイン　大下哲郎、宮島 薫、中多 由香（I'll Products）
校正　玄冬書林

自分ツッコミくま 占い

2020年10月1日　第1刷発行

著　者　ナガノ／クロイ
発行者　吉田芳史
印刷所　株式会社 廣済堂
製本所　株式会社 廣済堂
発行所　株式会社 日本文芸社
　　　　〒135-0001　東京都江東区毛利2-10-18 OCMビル
　　　　TEL 03-5638-1660（代表）

Printed in Japan　112200918-112200918 Ⓝ 01　（310054）
ISBN978-4-537-21831-2
URL https://www.nihonbungeisha.co.jp/
ⓒ nagano/Anova/kuroi 2020

編集担当　藤澤

内容に関する
お問い合わせは
小社ウェブサイト
お問い合わせフォームまで
お願いいたします。

ウェブサイト
https://www.nihonbungeisha.
co.jp/